# BEI GRIN MACHT SICH IHR WISSEN BEZAHLT

- Wir veröffentlichen Ihre Hausarbeit, Bachelor- und Masterarbeit

- Ihr eigenes eBook und Buch - weltweit in allen wichtigen Shops

- Verdienen Sie an jedem Verkauf

## Jetzt bei www.GRIN.com hochladen und kostenlos publizieren

**Bibliografische Information der Deutschen Nationalbibliothek:**

Die Deutsche Bibliothek verzeichnet diese Publikation in der Deutschen Nationalbibliografie; detaillierte bibliografische Daten sind im Internet über http://dnb.d-nb.de/ abrufbar.

Dieses Werk sowie alle darin enthaltenen einzelnen Beiträge und Abbildungen sind urheberrechtlich geschützt. Jede Verwertung, die nicht ausdrücklich vom Urheberrechtsschutz zugelassen ist, bedarf der vorherigen Zustimmung des Verlages. Das gilt insbesondere für Vervielfältigungen, Bearbeitungen, Übersetzungen, Mikroverfilmungen, Auswertungen durch Datenbanken und für die Einspeicherung und Verarbeitung in elektronische Systeme. Alle Rechte, auch die des auszugsweisen Nachdrucks, der fotomechanischen Wiedergabe (einschließlich Mikrokopie) sowie der Auswertung durch Datenbanken oder ähnliche Einrichtungen, vorbehalten.

**Impressum:**

Copyright © 2018 GRIN Verlag
Druck und Bindung: Books on Demand GmbH, Norderstedt Germany
ISBN: 9783668932838

**Dieses Buch bei GRIN:**

https://www.grin.com/document/470196

Simon Kutzner

**Inwiefern kann die "Permanent Structured Cooperation" der Gemeinsame Sicherheits- und Verteidigungspolitik Europas als Element der Europäischen Integration bezeichnet werden?**

GRIN Verlag

**GRIN - Your knowledge has value**

Der GRIN Verlag publiziert seit 1998 wissenschaftliche Arbeiten von Studenten, Hochschullehrern und anderen Akademikern als eBook und gedrucktes Buch. Die Verlagswebsite www.grin.com ist die ideale Plattform zur Veröffentlichung von Hausarbeiten, Abschlussarbeiten, wissenschaftlichen Aufsätzen, Dissertationen und Fachbüchern.

**Besuchen Sie uns im Internet:**

http://www.grin.com/

http://www.facebook.com/grincom

http://www.twitter.com/grin_com

Professur für Politikwissenschaft, insbes. Das Politische System der Bundesrepublik Deutschland
Seminar: Europäische Integration

FT 2018

# Inwiefern kann die „Permanent Structured Cooperation" der Gemeinsame Sicherheits- und Verteidigungspolitik Europas als Element der Europäischen Integration bezeichnet werden?

von Simon Kutzner

4.Trimester
Eingereicht am: 30.09.2018

# Inhalt

Einleitung ........................................................................................................... 3
Hauptteil ............................................................................................................ 4
    Gemeinsame Sicherheits- und Verteidigungspolitik ................................... 4
    Permanent Structured Cooperation ............................................................ 7
    Analyse ...................................................................................................... 11
        Europäische Integration ......................................................................... 11
        Pesco als Element der Europäischen Integration ................................. 12
Fazit .................................................................................................................. 17
Literaturverzeichnis .......................................................................................... 19

# Einleitung

"Die Einheit Europas war ein Traum von wenigen. Sie wurde eine Hoffnung für viele. Sie ist heute eine Notwendigkeit für uns alle." So beschrieb der damalige Bundeskanzler Konrad Adenauer am 15. Dezember 1954 seine Vorstellungen von einem geeinten Europa in der zweiten Hälfte des 20. Jahrhunderts. Auch wenn die Ausgangslage für ein friedliches Europa der gemeinsame Werte und Normen nach dem zweiten Weltkrieg denkbar schlecht waren, so haben sich jene Frauen und Männer der Gründergeneration entschlossen mit dem Konzept einer europäischen Einigung auseinandergesetzt und so den Grundstein das Europa gelegt, wie wir es heute kennen. Durch kontinuierliches Bestreben aller beteiligten Akteure haben sich die Staaten Europas in den letzten 60 Jahren immer mehr aneinander angenähert und sind durch kontinuierliche Kooperation zunehmend miteinander verwachsen. Dieser Prozess der Europäischen Integration scheint keine Grenzen zu kennen und sich in jedem Themenfeld der Politik, Wirtschaft und Kultur stetig zu vertiefen. Die Europäische Integration kann sich demnach an einem gewissen Interesse durch die politikwissenschaftliche Forschung erfreuen, welche bemüht ist diese systematisch zu analysieren und mittels Theorien zu erklären.

In der folgenden Arbeit soll dabei die „Permanent Structured Cooperation", als Element der europäischen Sicherheitspolitik untersucht werden. Ziel der Arbeit ist es zu ergründen ob sich bei „Pesco" um einen empirischen Vorgang handelt, welcher die Europäische Integration vertieft. Basis hierfür bildet die Theorie des Liberalen Intergouvernementalismus nach Andrew Moravcsik, einem US-amerikanischen Professor der Politikwissenschaft.

Mittels einer Abgleichung der, von der Theorie geforderten Merkmale und den empirischen Beobachtungen soll ergründet werden ob die Prozesse zu einer Vertiefung der Integration zwischen den europäischen Staaten führt. Außerdem soll geklärt werden, ob es gewisse Vorgänge gibt, welche die Theorie nicht erklären kann.

# Hauptteil

## Gemeinsame Sicherheits- und Verteidigungspolitik

Die Gemeinsame Sicherheits- und Verteidigungspolitik, kurz GSVP, ist ein Politikfeld der Europäischen Union, in dem zivile, militärische und polizeiliche Einsätze koordiniert werden und somit integraler Bestandteil der Gemeinsamen Außen- und Sicherheitspolitik, kurz GASP. Während die GASP eher die Zusammenarbeit der Mitgliedsstaaten in der Gestaltung des auswärtigen Handelns der Eu Union bestimmt, bezieht sich die GSVP auf die Sicherheit und territoriale Integrität der Union. Die GSVP wurde im Vertrag von Nizza im Jahre 2001 noch unter dem Namen der Europäischen Sicherheits- und Verteidigungspolitik vereinbart[1]. Im Artikel 17 dieses Vertrages werden auch die wesentlichen Bestandteile der GSVP definiert. So soll schrittweise eine militärische Kooperation der Mitgliedsstaaten erreicht werden, um eine gemeinsame Verteidigung gewährleisten zu können. Die Mitgliedsstaaten sind dabei selbst federführend in wie weit sie sich zum Beispiel in gemeinsamen Rüstungsprojekten engagieren wollen. Auch gemeinsame militärische Einsätze, einschließlich solcher mit Anwendung von Zwangsmaßnahmen werden berücksichtigt[2]. Von besonderer Bedeutung ist hierbei die Tatsache, dass bereits 2001 eine mögliche Kompetenzüberschneidung der GSVP mit der NATO erkannt wurde. Es wird im Vertrag von Nizza darauf verwiesen, dass eine gemeinsame Europäische Verteidigungspolitik nicht die Bündnisverpflichtung einiger Mitgliedsstaaten der NATO gegenüber verletzt und mit dieser sogar vereinbar ist[3].

Es gab jedoch den Gedanken die Europäische Verteidigung gemeinsam zu organisieren bereits vor 2001. Die ursprüngliche Idee zu dieser Thematik wurde in einer Initiative des französischen Ministerpräsidenten René Pleven von 1952 im Vertrag über die Europäische Verteidigungsgemeinschaft, kurz EVG, deutlich. Der sogenannte Pleven-Plan sah vor eine gemeinsame

---

[1] Vgl. Art. 17 Europäische Union 10.03.2001
[2] Vgl. Art. 17 Europäische Union 10.03.2001
[3] Vgl. Art. 17 Abs. 1 Europäische Union 10.03.2001

europäische Armee unter französischer Führung aufzustellen[4]. Zur damaligen Zeit gab es vor allem zwei Hauptgründe für diese Initiative. Zum einen sollte, wenn man denn eine Aufrüstung Deutschlands nicht verhindern könne, dessen Streitkräfte wenigstens unter europäische Kontrolle gestellt werden und zum anderen wollte man eine wirksame Verteidigung gegen die Sowjetunion errichten[5]. Letztendlich scheiterte das Konzept einer Europaarmee im Jahre 1954 an einer fehlenden Mehrheit im französischen Parlament. Eine Wiederbewaffnung Deutschlands geschah dennoch mit der Gründung der Bundeswehr am 12. November 1955, die dem deutschen NATO-Beitritt am 09. Mai 1955 folgte. Das Scheitern einer gemeinsamen Europaarmee versetzte dem Bestreben nach einer gemeinsamen europäischen Sicherheitspolitik zunächst einen schweren Dämpfer. Bis in die frühen 90er Jahre war die NATO das primäre System kollektiver Sicherheit für die partizipierenden Staaten in Europa. Der nächste große Schritt in Richtung einer gemeinsamen europäischen Sicherheitspolitik wurde im Jahre 1992 mit dem Vertrag von Maastricht vollzogen. In diesem „Vertrag über die Europäische Union" wird selbige als übergeordneter Verbund für die Gemeinschaft der europäischen Staaten gegründet. Im Artikel J ist erstmals von einer Gemeinsamen Außen- und Sicherheitspolitik die Rede[6]. Festgeschrieben sind hierbei jedoch keine Anweisungen zu einem konkreten Verhalten der Mitgliedsstaaten, sondern eher gemeinsame Ziele, wie die Wahrung gemeinsamer Werte und stetige Zusammenarbeit[7]. Die eindeutigen Schwächen bezüglich der Handlungsfähigkeit der EU im Kosovokrieg zwangen jedoch die Mitgliedsstaaten, das Konzept der Sicherheitspolitik zu überdenken und zu erweitern[8]. Im Zuge dessen wurden durch die Konkretisierung des Aufgabenprofils der GASP verschiedene Planziele definiert und militärische, sowie zivile Einsatzkräfte bereitgestellt[9].

---

[4] Vgl. S. 196ff Volkmann et al. 1985
[5] Vgl. S. 128ff Volkmann et al. 1985
[6] Vgl. S.123-129 Belgien; Europäische Gemeinschaften
[7] Vgl. S. 123 Belgien; Europäische Gemeinschaften
[8] Vgl. S. 263 Regelsberger 2016
[9] Vgl. S. 263f Regelsberger 2016

Nach dem Vertrag von Nizza wurde die Arbeitsweise der europäischen Sicherheitspolitik erstmals wieder im Jahre 2007 mit dem Vertrag von Lissabon überarbeitet. Zum einen wurde die Europäische Sicherheits- und Verteidigungspolitik zur Gemeinsamen Sicherheits- und Verteidigungspolitik weiterentwickelt. Zum anderen gingen mit dem Vertrag von Lissabon einige Reformen einher, welche unter anderem die Kompetenzen des Hohen Vertreters für die Gemeinsame Außen- und Sicherheitspolitik erweiterten. Dieses Amt ist vergleichbar mit dem eines Außenministers der jeweiligen Mitgliedsstaaten[10]. Weiterhin treffen sich vier Mal im Jahr die Verteidigungsminister der einzelnen EU-Mitglieder, um regelmäßig das Sicherheitsbedürfnis der Staaten zu definieren und die Leitlinien für die Politik zu setzen[11]. All dies geschah unter dem Leitbild eines friedlichen Europas, welches die Werte seiner Gründung beschützt. Sinnbild dafür ist unter anderem die Aussage des damaligen Hohen Vertreters für Außen und Sicherheitspolitik Javier Solana, der die Geschichte Europas als beispiellose Periode des Friedens und der Stabilität bezeichnete[12]. Der Vertrag von Lissabon wird daher, nicht nur aus sicherheitspolitischer Perspektive, als historischer Schritt der europäischen Integration betrachtet[13]. So wurde von Europa durch die Erweiterung der Mitgliedsstaaten von 12 auf 27 ein politischer Großraum geschaffen, der eine strukturierte politische Ordnung fordert[14]. Die Integration wird besonders dadurch hervorgehoben, dass dem bisherigen „Wildwuchs" der Staaten mit einheitlichen Reglungen entgegengewirkt wird. Außerdem wird die EU durch eine gemeinsame Leitlinie und Zielsetzung im Politikfeld der Sicherheitspolitik zu einem bedeutend stärkeren und damit einflussreicheren Akteur im internationalen Umfeld[15].

---

[10] Vgl. S.20 Weidenfeld 2008
[11] Vgl. S.281 Jopp und Barbin 2016
[12] Vgl. S. 2 Solana 2003
[13] Vgl. S.13ff Weidenfeld 2008
[14] Vgl. S. 13 Weidenfeld 2008
[15] Vgl. S. 20f Weidenfeld 2008

## Permanent Structured Cooperation

Das Jahr 2014 stellte für die europäische Sicherheitspolitik einen dramatischen Wendepunkt dar. Erstmals seit Ende des kalten Krieges wird erneut mehr Geld in die militärischen Kompetenzen investiert[16]. Hintergrund dafür ist die zugespitzte politische Lage im gesamten Umfeld der EU. Nach der Annexion der ukrainischen Halbinsel Krim durch die Russische Föderation im Jahre 2014 wurde vielen europäischen Staaten die erneute Aktualität von konventionellen Bedrohungen bewusst[17]. Weiterhin löste die zunehmende Eskalation des Bürgerkrieges in Syrien eine große Flüchtlingswelle aus. Diese belastete im Jahre 2015 die Europäische Union und ihre Mitgliedsstaaten innen- und sicherheitspolitisch. Es wurde zunehmend schwierig, vor allem durch die wachsende terroristische Bedrohung innerhalb der Mitgliedsstaaten, zwischen äußerer und innerer Sicherheit zu unterscheiden[18]. Mehrfach wurde die politische Handlungsfähigkeit der EU durch Kritiker aus Reihen der Unionsbürger in Frage gestellt. Durch die Wahl von Donald Trump zum 45. Präsidenten der Vereinigten Staaten von Amerika kam es außerdem zu einer Belastung der Beziehungen zwischen der EU und den USA[19]. Mit seiner Aussage, die NATO sei obsolet erschütterte er das Vertrauen der Europäer in die transatlantischen Beziehungen und besonders das Vertrauen in die militärische Kooperation. Zwar hat Donald Trump bei seinem Besuch in Warschau 2017 sich zum Artikel 5 des NATO-Vertrages bekannt und dessen Einhaltung zugesichert, doch eine gewisse Skepsis bei den europäischen NATO Partnern bleibt nach wie vor[20]. Diese Skepsis resultiert unter anderem aus der Verschiebung der geopolitischen Interessen der USA. Mit einer sich rasant entwickelnden Volkswirtschaft in China hat sich auch der Fokus der USA vom atlantischen Raum auf den pazifischen gewandelt[21]. Diese Neuausrichtung der Interessen begründet auch die Forderung seitens der USA nach einer Erhöhung des Wehretats der europäischen NATO-Mitglieder.

---

[16] Vgl. Kellner 2018
[17] Vgl. S.15 Bartels et al. 2017
[18] Vgl. S.16 Bartels et al. 2017
[19] Vgl. Kellner 2018
[20] Vgl. Kellner 2018
[21] Vgl. S.16 Bartels et al. 2017

Auf dem NATO Gipfel in Wales wurden 2014 eine Aufstockung auf 2% des jeweiligen BIP gefordert[22]. Das Resultat aus den seit 2014 anhaltenden Spannungen in der Welt und den einhergehenden Veränderungen in den Beziehungen zwischen Europa und den USA war die Erkenntnis der EU-Mitgliedsstaaten, dass sie sich zum einen um eine funktionierende Landes und Bündnisverteidigung selbst kümmern müssen und zum anderen, dass dies kein Prozess ist der von jedem Staat individuell durchgeführt werden kann. Es muss also eine gemeinsame und zielgerichtete Organisation der Verteidigungskompetenzen geschaffen werden.

Dazu möchten sich die überwiegende Mehrheit der EU-Mitgliedsstaaten in einer strukturierten Zusammenarbeit besonders engagieren. Die Möglichkeit dazu bietet die sogenannte „Permanent Structured Cooperation", kurz PESCO. Die Idee einer ständigen strukturierten Zusammenarbeit wurde dem Europäischen Rat Ende 2017 von den Außen- und Verteidigungsministern der EU-Länder vorgelegt. Pesco soll die Zusammenarbeit vor allem durch den Abbau von Bürokratie und das Angleichen von Handlungsweisen verbessern. Vorstellbar ist hierbei eine Synchronisation von Strukturen, die bisher auf Ebene der nationalen Streitkräfte verortet wurden. Auch denkbar sind gemeinsame Rüstungsprojekte, entweder zwischen einzelnen, oder allen partizipierenden Pesco-Mitgliedern. Der Vorteil hierbei ist, dass man durch die Zusammenarbeit primär Kosten senken kann, da nicht mehr eine Vielzahl an unterschiedlichen Systemen von der Industrie entwickelt werden müssen. Außerdem können durch die Einrichtung von gemeinsamen Einrichtungen, wie beispielsweise eines europäischen Logistikzentrums oder eines Sanitätskommandos, die nationalen Verfahren auf einen internationalen Standard angehoben und die Organisation und Abstimmung mit dem Bedarfsträger vereinfacht werden[23]. Aktuell beteiligen sich an Pesco 25 der 28 Mitgliedsstaaten. Lediglich Dänemark und Malta, sowie der noch EU-Staat Großbritannien nehmen nicht teil. Pesco birgt allerdings auch einige Risiken. So war die „Ständige Strukturierte Zusammenarbeit" als eine Möglichkeit von

---

[22] Vgl. Kellner 2018
[23] Vgl. S.3 Beckmann und Kempin 2017

besonders engagierten Mitgliedsstaaten gedacht, um Rüstungsprojekte oder Einsätze zu organisieren. Wenn sich jedoch 25 der 28 EU-Länder beteiligen kann von einer überdurchschnittlichen Beteiligung nicht mehr gesprochen werden. Es besteht also die Gefahr, dass Pesco entweder in dem bereits bestehenden System der GSVP zwar kurzfristig als ein echter Fortschritt gehandelt wird, aber mittelfristig in der Bedeutungslosigkeit versinkt[24]. Bei Uneinigkeiten über die Richtung von Projekten, oder die Details ihrer Implementierung besteht zusätzlich die Gefahr eines „Europas der zwei Geschwindigkeiten"[25]. Dies wird besonders kritisch bei Betrachtung der operativen Ebene. Sollten sich zwei oder mehr „Cluster" für Kommandostrukturen bilden, dann droht Im Verteidigungsfall die Gefahr von konkurrierender Befehlsgebung. Dadurch würde der gegenteilige Effekt der ursprünglichen Zielsetzung. Die Kooperation in Europa würde nicht erleichtert, sondern durch Unklarheit der Zuständigkeiten oder Vorgesetztenverhältnisse sogar erschwert werden.

Im Vertrag von Lissabon wurde mehr Wert auf operativen Fähigkeiten der EU gelegt. Ziel war es, ein gemeinsames militärisches Vorgehen der EU zu ermöglichen. Dies ist auch bereits in einigen Projekten, sowie den Einsätzen unter EU-Mandat geschehen. Mit Pesco liegt die Konzentration nun wieder vermehrt auf Rüstungskooperation. Die Zusammenarbeit auf operativer Ebene ist elementar für das Gelingen der GSVP, wird jedoch mitunter durch Pesco vernachlässigt[26]. Dabei kann die EU, vor allem in den letzten Jahren, diverse erfolgreiche Einsätze vorzuweisen. So werden beispielsweise malische Sicherheitskräfte in der Ausbildungsmission EUTM Mali ausgebildet. Bei EU NAVFOR Atalanta werden seit 2008 humanitäre Seetransporte der UN vor der Küste Somalias vor Piraten geschützt. Bei dieser maritimen Mission lassen sich deutliche Erfolge verzeichnen, da die Angriffe von Piraten in den letzten 10 Jahren drastisch zurückgegangen sind. Weiterhin verfügt die EU mittels der EU-Battlegroups über schnelle militärische Krisenreaktionskräfte.

---

[24] Vgl. Kellner 2018
[25] Vgl. Kellner 2018
[26] Vgl. S.28ff Fiott et al. 2017

Dazu wurde 2005 eine Battlegroup pro Halbjahr, ab 2007 sogar zwei pro Halbjahr einsatzbereit gehalten. Den Kern der Battlegroups bildet hierbei ein verstärktes Infanteriebataillon, welches nach einer Alarmierung innerhalb von zehn Tagen einsatzbereit sein und nach bis zu fünf weiteren Tagen in das Einsatzland verlegt werden soll. Vor Ort muss die Battlegroup autark einsetzbar sein und bis zu einer Dauer von 30 Tagen eigenständig Operationen durchführen können. Danach ist vorgesehen die Battlegroup durch regionale Kräfte abzulösen. Sollte dies nicht möglich sein, kann die Battlegroup mittels entsprechender logistischer Unterstützung auch bis zu 120 Tage im Einsatzland operieren. In dieser Zeit kann ein multinationaler Einsatzverband, auf Brigadeebene oder höher auftragsspezifisch als Ablösung für die Battlegroup aufgestellt und verlegt werden. Einen Einsatz der EU-Battlegroups gab es bisher nicht. Durch Pesco könnten die operativen Rahmenbedingungen für den Einsatz von Battlegroups erleichtert werden. Sollte sich Pesco als eine Art „militärisches Schengen" darstellen, so könnte auch die Verlegung von Material und Truppen innerhalb der EU erleichtert werden[27].

Gründe warum der Schwerpunkt von Pesco jedoch eher auf der Rüstungskooperation als auf der operativen Planung liegt, werden bei der Betrachtung des Verhältnisses zwischen der GSVP und der NATO deutlich. Hierbei fällt auf, dass viele Staaten Europas sowohl Mitglied der EU, als auch der NATO sind. Lediglich einige wenige Staaten, wie beispielsweise Finnland, Schweden und Österreich, sind zwar EU-Mitglied, aber kein NATO-Mitglied. Im Gegensatz dazu sind beispielsweise europäische Staaten wie Norwegen, oder die Türkei NATO Mitglieder aber nicht in der EU. Dabei wird deutlich, dass es eine gewisse Schwierigkeit gibt die Zuständigkeit für Sicherheit auf nur eine internationale Organisation zu delegieren. Andererseits fürchten natürlich jene Staaten, die sowohl Mitglied der EU und der NATO sind, dass es zu operativen Doppelstrukturen kommt[28]. Kein Staat möchte in die missliche Lage kommen in der die Entscheidung zu treffen ist, welcher der

---

[27] Vgl. Kellner 2018
[28] Vgl. Kellner 2018

beiden Institutionen die begrenzten Mittel zur Verfügung gestellt werden. Eine Verhinderung von Doppelstrukturen wäre grundsätzlich nur möglich, wenn Europa nach dem Konzept von Pleven über einheitliche und gemeinsame Streitkräfte verfügen würde. Doch diese würden auch eine einheitliche politische Position zu Fragen der Sicherheits- und Verteidigungspolitik fordern, die bei 28 Mitgliedsstaaten nur schwer zu erreichen ist. Voraussetzung dafür ist eine Vertiefung der europäischen Integration, welche aber durch Pesco durchaus vorangetrieben werden kann. Die europäische Rüstungskooperation könnte dabei eine treibende Kraft sein.

## Analyse
### Europäische Integration
Es gilt im Folgenden zu überprüfen, ob es sich bei Pesco um ein Element der Europäischen Integration nach dem Liberalen Intergouvernementalismus nach Moravcsik handelt. Dazu gilt es zuerst zu klären, worum es sich bei der Europäischen Integration im Detail handelt. Nach Bruno Zandonella bezeichnet die Europäische Integration den Prozess der immer enger werdenden Zusammenarbeit zwischen den europäischen Staaten[29]. Diese Zusammenarbeit ist bestrebt, das prinzipiell nicht zu erreichende Ideal der europäischen Einigung zu erlangen und findet seit 1952 durch die Gemeinschaft der Montanunion statt. Die Europäische Integration kann dabei durch verschiedenste Prozesse und Entwicklungen geprägt sein. So kann beispielsweise die Erweiterung des EU-Raumes ein Element der Integration darstellen[30]. Primär stellt sich die Europäische Integration jedoch durch eine Vertiefung der bereits bestehenden Strukturen dar. So war vor allem in den Anfangsjahren der europäischen Zusammenarbeit diese durch wirtschaftliche Kooperation geprägt. Man wollte durch die Europäische Gemeinschaft für

---
[29] Zandonella 2005
[30] Zandonella 2005

Kohle und Stahl (EGKS) erstmalig nationale Wirtschaftssektoren unter supranationale Kontrolle bringen[31]. Es zeigte sich sehr deutlich, dass die multinationale Zusammenarbeit in erster Linie diverse wirtschaftliche Vorteile brauchte, aber auch durch Vereinheitlichung von Verfahren und Reglungen die Hürden für weitere Kooperation senkte. Außerdem waren die Staaten Europas es nach der ersten Hälfte des 20. Jahrhunderts leid, Krieg gegeneinander zu führen. Die Intensivierung der europäischen Zusammenarbeit ermöglichte so eine gegenseitige politische und wirtschaftliche Kontrolle aller Akteure, was die Möglichkeit einen Angriffskrieg vorzubereiten oder zu führen stark einschränkte. Es zeichnete sich auch sehr deutlich ab, dass die politische und wirtschaftliche Zusammenarbeit für jeden Nationalstaat größere ökonomische Wohlfahrt, sowie eine bedeutend geringere Bedrohungslage bedeutete. Voraussetzung hierfür war ein gewisses Vertrauensverhältnis, welches besonders nach dem 2. Weltkrieg nicht als selbstverständlich vorausgesetzt werden konnte. Im Zuge dieser Entwicklung haben sich die partizipierenden Staaten Europas in den bereits genannten Verträgen in nahezu jedem Politikfeld angenähert und konsequent den Dialog gesucht.

Pesco als Element der Europäischen Integration
Zuerst ist es von Interesse, wer bei Pesco die zentralen politischen Akteure sind. Moravcsik verwendet dabei in seiner Theorie des Liberalen Intergouvernementalismus das Konzept eines „zwei Ebenen-Spiels"[32]. Dabei wird grundsätzlich, nach dem Modell des klassischen Liberalismus, ein staatszentrierter Ansatz gewählt. So sind also im internationalen Umfeld die jeweiligen Nationalstaaten die wichtigsten Entscheidungsträger und somit zentrale Akteure. Stanley Hoffmann, der Begründer des Intergouvernementalismus, sprach in den 1960er Jahren davon, dass es ein Primat der Nationen gibt, welche sich nicht dem Status einer Konföderation,

---

[31] Wirtschaftslexikon 24
[32] Vgl. S. 481 MORAVCSIK 1993

oder einem Staatenbund unterordnen[33]. Entsprechend hat der Nationalstaat, trotz der Integrationsbestrebung, weiterhin bestand und ob es zu einer Integration kommt, hängt maßgeblich von der Bereitschaft der Nationalstaaten zur Kooperation ab[34]. Moravcsik teilt die Auffassung vom Primat der Nationalstaaten, erweiterte jedoch die Theorie des Intergouvernementalismus um eine Liberale Komponente mit der sogenannten „zweiten Ebene".

Moravcsik versteht hierbei den Nationalstaat nicht, wie im Realismus gefordert, als „Black Box", sondern als ein Produkt der innenpolitischen Strukturen, der diversen Machtverhältnisse und spezifischen gesellschaftlichen Präferenzen[35]. Somit ist der politische Diskurs, welcher auf europäischer Ebene stattfindet, durchaus mit dem auf nationaler Ebene zu vergleichen. Diese Strukturen finden sich auch in der Empirie wieder. Durch den demokratischen Charakter jedes EU-Mitgliedsstaates ist grundsätzlich ein liberal geprägtes System vorhanden. Zwar stellt sich dieses System, bedingt durch die jeweiligen nationalen, kulturellen und historischen Unterschiede, in jedem Mitgliedsstaat etwas anders da und besitzt eine unterschiedlich starke Ausprägung, doch ein liberaler „Kampf um die besten Ideen" findet flächendeckend statt. Dabei bestimmt der nationale Konsens über Traditionen, Werte und Normen durch ihre Ausformulierung die Leitlinien der Politik des Nationalstaates. Die Nationalstaaten treffen dann auf europäischer Ebene aufeinander, wo sie sich durch die Zusammenarbeit in den Institutionen der Europäischen Union mit den Ideen und Vorstellungen der anderen Staaten auseinandersetzen müssen. Diese Form der internationalen Zusammenarbeit lässt sich eindeutig bei Pesco erkennen. Jeder Staat hat eigene nationale und wirtschaftspolitische Sicherheitsinteressen und Vorstellungen, wie diese gewährleistet werden. Sei es durch unterschiedliche Interpretationen wie bestimmte Prozesse auf strategischer und operativer Ebene organisiert werden, oder durch unterschiedliche Beurteilungen darüber, welche Rüstungsgüter und rüstungswirtschaftliche Kernkompetenzen den Schwerpunkt für die Durchsetzung der Politik bilden. Dabei wird ein

---
[33] Vgl. S. 142 Giering und Möller 2010
[34] Vgl. S. 142 Giering und Möller 2010
[35] Vgl. S. 142 Giering und Möller 2010

europäischer Diskurs geführt, welcher letztendlich über ein Assessment der Bedrohungslage zu einer Einigung über die oben genannten Punkte führen soll. Ebenfalls lässt sich die vom Liberalen Intergouvernementalismus geforderte Freiwilligkeit der Beteiligung beobachten. Die Tatsache, dass Dänemark, Malta und das Vereinigte Königreich sich nicht an Pesco beteiligen spricht für das Primat der Nationalstaaten und verdeutlicht, dass es, anders als durch den Konstruktivismus beschrieben, keine Eigendynamik der Integration gibt.

Auf prozessualer Ebene vertritt Moravcsik mit dem Liberalen Intergouvernementalismus die Vorstellung des Staates als rationaler Nutzenmaximierer[36]. Der nationale Prozess der Entscheidungsfindung bildet hierbei auf der Grundlage von Werten und Normen zwar den Ausgangspunkt für die politischen Interessen und damit auch für die europäische Zusammenarbeit, aber der Schwerpunkt der Nationalstaaten liegt bei der eigenen ökonomischen Wohlfahrt. Man einigt sich durch zwischenstaatliche Verhandlungen auf gemeinsame Regeln. Dies verspricht allerdings nur Erfolg, wenn diese auch den nationalen Interessen der Mitgliedsstaaten dienen[37]. Dies zeigt sich in Bezug auf Pesco auch in der Empirie sehr deutlich. Die Staaten sind eindeutig bestrebt, das kostspielige Konzept der Sicherheit effizienter zu organisieren. So geben alleine die europäischen NATO Mitglieder durchschnittlich 1,5% des jeweiligen BIP an Verteidigungsausgaben aus[38]. Dies entspricht Ausgaben von etwa 200 Milliarden Euro jährlich. Es ist Kerninteresse der EU-Mitgliedsstaaten diese Ausgaben, wenn man sie denn wegen der weltweiten Bedrohungslage nicht verringern kann, möglichst effizient zu investieren. Dazu sollen Doppelstrukturen abgebaut werden und Rüstungsaufträge im Idealfall gemeinsam entwickelt, produziert und beschafft werden. So ist das Potenzial für Kostenersparnis immens, wenn beispielsweise Verträge über die gemeinsame Beschaffung von spezifischen Waffensystemen geschlossen werden. So würden beispielsweise die Kosten

---

[36] Vgl. S.169f Steinhilber 2006
[37] Vgl. S.170 Steinhilber 2006
[38] Statista 2018a

der Entwicklung nur einmal entstehen. Auch könnte die Ausbildung am entsprechenden Gerät zentral an einer der Ausbildungseinrichtungen eines Partnerstaates erfolgen und müsste nicht dezentral organisiert werden. Allerdings zeigt sich, dass ein Staat als rationaler Nutzenmaximierer nicht immer dem Integrationsprozess zuträglich ist. So wollen die Nationalstaaten zwar durch gemeinsame Rüstungsprojekte die Gesamtkosten minimieren, sind aber genauso bestrebt die Existenz und finanziellen Gewinne der nationalen Rüstungsindustrie, an der auch oft ein beträchtlicher Teil von Arbeitsplätzen hängt, im eigenen Land zu halten. Wenn jedoch alle Staaten in einem multinationalen Projekt zwar grundsätzlich miteinander kooperieren möchten, aber die Produktion im eigenen Land haben wollen, um die erwirtschafteten Gewinne für die nationale Wirtschaft verordnen zu können, erschwert oder verhindert dies eine gemeinsame europäische Kooperation. In der Vergangenheit waren die europäischen Staaten bemüht dieses Problem zu lösen, indem die Entwicklung und Produktion in die einzelnen, sich am Projekt beteiligenden, Staaten ausgelagert wurde. Dies verursachte dann aber oftmals unnötige Komplikationen und erhöhte den organisatorischen Aufwand immens. Die Folgen waren hierbei höhere Kosten, verspätete Auslieferung der Systeme und häufig eine negative Resonanz in der Öffentlichkeit. Beispielhaft hierfür ist das Projekt des Eurofighter Typhoon, der mit seiner Auslieferung im Jahre 2016 etwa 140 Monate hinter dem ursprünglich veranschlagten Zeitplan lag[39]. Vergleichbar stellt sich das Projekt des Transportflugzeugs A400M dar. Der A400M wurde in Kooperation von Belgien, Frankreich, Spanien, Deutschland, Luxemburg, der Türkei, dem Vereinigten Königreich und Malaysia in Auftrag gegeben und gemeinsam entwickelt. Auch hier gab es diverse Komplikationen und Verzögerungen. Nach dem Rüstungsbericht des BmVg vom März 2018 hat sich das ganze Projekt bisher um bereits 11 Jahre verzögert[40]. Diese Verzögerung lässt sich vor allem durch Neuverhandlungen der verschiedenen Vertragspartner erklären, die in der laufenden Entwicklung neue Anforderungen an das System stellten, welche dann erneut

---

[39] Focus 05.10.2016
[40] Bundesministerium der Verteidigung 2018

festgeschrieben und vertraglich fixiert werden mussten. Außerdem ist das System mit zusätzlichen Kosten in höhe von 1.487 Millionen Euro etwa 18% teurer, als ursprünglich veranschlagt[41]. Wenn die Nationalstaaten zwar bemüht sind sich miteinander abzustimmen, aber gleichzeitig nicht auf die eigene Rüstungsindustrie verzichten wollen, dann stehen die Chancen für ein „militärisches Schengen" schon von Anfang an schlecht. Die Staaten wollen nicht auf eigene Kompetenzen verzichten, beziehungsweise sich den europäischen Interessen unterordnen. Es bildet sich demnach automatisch eine Doppelstruktur, die man eigentlich durch die Zusammenarbeit und Integration vermeiden wollte.

Doch auch der Liberale Intergouvernementalismus hat gewisse Schwierigkeiten manche Vorgänge in der GSVP und Pesco zu erklären. Grundsätzlich geht Moravcsik davon aus, dass die Entscheidungen auf nationaler Ebene getroffen werden um diese dann im internationalen Diskurs zu vertreten. Anders als im Neofunktionalismus lehnt er die Vorstellung eines supranationalen Zentrums ab. Die Empirie bestätigt dies auch, allerdings beschränkt sich die Theorie dabei die großen richtungsweisenden Entscheidungen. Dies mag auch auf Pesco zutreffen, da es keine gemeinsame Institution gibt, die in der Lage ist, die Streitkräfte der Mitgliedsstaaten zentral zu steuern. Moravcsik vernachlässigt dabei jedoch die alltäglichen Entscheidungen der Ebene unterhalb der supranationalen Zusammenarbeit. Für integrationspolitische Bemühungen auf dieser „Arbeitsebene", die maßgeblich für die Organisation und damit das Funktionieren der Integration verantwortlich sind, findet der Liberale Intergouvernementalismus keine Erklärung.

---

[41] Bundesministerium der Verteidigung 2018

# Fazit

Nach Betrachtung der Theorie und Empirie zeigt sich, dass Pesco eindeutig das Potenzial besitzt, als Element der Europäischen Integration nach dem Liberalen Intergouvernementalismus, diese zu vertiefen. Die durch Pesco vorgesehenen Prozesse und beteiligten Akteure lassen sich mit dem von Moravcsik definierten Aussagen zum Liberalen Intergouvernementalismus in Einklang bringen. Zentrales Element von Pesco ist die Staatszentrierte Ansatz und die Organisation, bei welcher bewusst auf eine supranationale Institution verzichtet wird. Der freiwillige Charakter von Pesco und die Forderung nach besonderem Engagement der teilnehmenden Staaten unterstreichen dies. Auch die Tatsache, dass drei der EU-Mitgliedsstaaten nicht partizipieren zeigt, dass diese Staaten nach der sorgfältigen Betrachtung ihrer nationalen Interessen eine Beteiligung an Pesco ablehnen. Die Prozesse der Zusammenarbeit stimmen mit den Theorien Moravcsiks überein. Aber auch, wenn ein Integrationsprozess nach der Theorie grundsätzlich gegeben ist, stellt sich die Frage, ob Pesco auch tatsächlich zu einer Vertiefung der Integration führt. Besonders der Bereich der Rüstungspolitik verfügt über diverse nationale Hürden, die einen Integrationsprozess auf militärischer Ebene erheblich erschweren. Der Erhalt nationaler rüstungswirtschaftlicher und/oder operativer Kompetenzen neben einer gemeinsamen europäischen Lösung, schafft Doppelstrukturen, die letztendlich mehr Kosten und Aufwand verursachen. Verständlicherweise gibt der Erhalt von nationalen Kompetenzen ein Gefühl der Sicherheit und Souveränität, da man so auch ohne politische Einigung mit anderen europäischen Partnern militärisch tätig werden könnte. Doch dieses Gefühl der Sicherheit ist weitestgehend ein Trugschluss, da bereits heute kein europäisches Land mehr über ein voll umfängliches Spektrum an militärischen Fähigkeiten verfügt. Eine internationale Kooperation ist somit bereits heute alternativlos. Diese Kooperation zu erreichen und auszubauen liegt in der Verpflichtung der Regierungen der Nationalstaaten. Es gilt mit gegenseitigem Vertrauen gegenüber den anderen Partnern die zentralen Werte auf denen die Europäische Union gegründet wurde, zum Leben zu erwecken, um Pesco zum

Erfolg zu führen. Die Voraussetzungen dafür sind gut, schließlich ist 2018 das Vertrauen der Unionsbürger in die EU so hoch wie seit 2010 nicht mehr[42]. Sollte Pesco jedoch scheitern, muss man sich auch die Frage stellen, ob sich die EU weniger in einer Phase der Integration, als in einer Phase der Desintegration befindet.

---

[42] Statista 2018b

# Literaturverzeichnis

Bartels, Hans-Peter; Kellner, Anna Maria; Optenhögel, Uwe (Hg.) (2017): Strategic autonomy and the defence of Europe. On the road to a European army? Verlag J. H. W. Dietz Nachf. Bonn: Dietz.

Beckmann, Rosa; Kempin, Ronja (2017): EU-Verteidigungspolitik braucht Strategie. eine politische Auseinandersetzung mit den Reformzielen der GSVP wagen! In: *Stiftung Wissenschaft und Politik* 60. Online verfügbar unter http://nbn-resolving.de/urn:nbn:de:0168-ssoar-53805-8.

Belgien; Europäische Gemeinschaften: Vertrag über die Europäische Union. Online verfügbar unter https://europa.eu/european-union/sites/europaeu/files/docs/body/treaty_on_european_union_de.pdf.

Bundesministerium der Verteidigung (2018): Rüstungsbericht März 2018. Online verfügbar unter https://www.bmvg.de/resource/blob/23010/7362820057116c6763aaec84147ce3ea/20180319-7-bericht-des-bmvg-zu-ruestungsangelegenheiten-data.pdf.

Europäische Union (10.03.2001): Vertrag von Nizza, vom 10.03.2001. In: *Amtsblatt der Europäischen Gemeinschaften* 80 (1). Online verfügbar unter https://www.ecb.europa.eu/ecb/legal/pdf/de_nice.pdf.

Fiott, Daniel; Missiroli, Antonio; Tardy, Thierry (2017): Permanent Structured Cooperation: what's in a name? European Union Institute for Security Studies. Online verfügbar unter https://www.iss.europa.eu/content/permanent-structured-cooperation-what's-name.

Focus (05.10.2016): Kampfjet-Desaster für Europa! Airbus will offenbar Eurofighter begraben. Online verfügbar unter https://www.focus.de/finanzen/videos/produktion-schon-140-monate-hinter-zeitplan-kampfjet-desaster-fuer-europa-airbus-will-offenbar-eurofighter-begraben_id_6028921.html.

Giering, C.; Möller, A. (2010): Integrationstheorie. In: Carlo Masala, Frank Sauer, Andreas Wilhelm und Konstantinos Tsetsos (Hg.): Handbuch der Internationalen Politik. Wiesbaden: VS Verl. für Sozialwiss, S. 135–147. Online verfügbar unter https://link.springer.com/chapter/10.1007/978-3-531-92148-8_9#enumeration.

Jopp, Mathias; Barbin, Jéronimo L. S. (2016): Gemeinsame Sicherheits- und Verteidigungspolitik. In: Werner Weidenfeld und Wolfgang Wessels (Hg.): Europa von A bis Z. Taschenbuch der europäischen Integration. 14. Auflage. Baden-Baden: Nomos, S. 277–288.

Kellner, Anna Maria (2018): Zum Erfolg verdammt? Die Gemeinsame Sicherheits- und Verteidigungspolitik der EU ein Jahr nach der Globalen Strategie. In: *Z Außen Sicherheitspolit* 11 (1), S. 1–11. DOI: 10.1007/s12399-017-0687-0.

MORAVCSIK, ANDREW (1993): Preferences and Power in the European Community. A Liberal Intergovernmentalist Approach (31).

Regelsberger, Elfriede (2016): Gemeinsame Außen- und Sicherheitspolitik. In: Werner Weidenfeld und Wolfgang Wessels (Hg.): Europa von A bis Z. Taschenbuch der europäischen Integration. 14. Auflage. Baden-Baden: Nomos, S. 261–277.

Solana, Javier (2003): Ein Sicheres Europa in einer besseren Welt. Thessaloniki. Online verfügbar unter www.eurodefense.de/wp-content/uploads/2015/11/Solana-EU-Strategie.pdf.

Statista (2018a): Anteil der Militärausgaben am Bruttoinlandsprodukt in den NATO-Staaten von 2012 bis 2018*. Online verfügbar unter https://de.statista.com/statistik/daten/studie/234725/umfrage/anteil-der-militaerausgaben-am-bruttoinlandsprodukt-der-natostaaten/.

Statista (2018b): Wie sehr vertrauen Sie der Europäischen Union? Online verfügbar unter https://de.statista.com/statistik/daten/studie/173226/umfrage/vertrauen-der-deutschen-in-die-eu/.

Steinhilber, J. (2006): Liberaler Intergouvernementalismus. In: Marika Lerch und Hans-Jürgen Bieling (Hg.): Theorien der Europäischen Integration. Wiesbaden: VS Verl. für Sozialwiss, S. 169–195. Online verfügbar unter https://link.springer.com/chapter/10.1007/978-3-531-90037-7_7#citeas.

Volkmann, Hans-Erich; Schwengler, Walter; Breccia, Alfredo (1985): Die Europäische Verteidigungsgemeinschaft. Stand u. Probleme d. Forschung. Boppard am Rhein: Boldt (Militärgeschichte seit 1945 /neunzehnhundertfünfundvierzig], 7).

Weidenfeld, Werner (2008): Der Vertrag von Lissabon als historischer Schritt der Integration Europas - Aufbruch aus der Krise. In: Werner Weidenfeld (Hg.): Lissabon in der Analyse. Der Reformvertrag der Europäischen Union. 1. Auflage. Baden-Baden: Nomos Verlagsgesellschaft mbH & Co. KG, S. 11–29.

Wirtschaftslexikon 24: Europäische Integration. Online verfügbar unter http://www.wirtschaftslexikon24.com/d/europaeische-integration/europaeische-integration.htm.

Zandonella, Bruno (2005): Pecket Europa. EU-Begriffe und Länderdaten. Bonn. Online verfügbar unter www.bpb.de/nachschlagen/lexika/pocket-europa/16687/europaeische-integration.

# BEI GRIN MACHT SICH IHR WISSEN BEZAHLT

- Wir veröffentlichen Ihre Hausarbeit, Bachelor- und Masterarbeit
- Ihr eigenes eBook und Buch - weltweit in allen wichtigen Shops
- Verdienen Sie an jedem Verkauf

Jetzt bei www.GRIN.com hochladen und kostenlos publizieren

CPSIA information can be obtained
at www.ICGtesting.com
Printed in the USA
BVHW071246240719
554234BV00010B/1153/P